LA GRANDE DANSE MACABRE

DES HOMMES ET DES FEMMES

PRÉCÉDÉE DU DICT DES TROIS MORS ET DES TROIS VIFZ,

DU DÉBAT DU CORPS ET DE L'AME,

ET DE LA COMPLAINCTE DE L'AME DAMPNÉE.

PARIS,

BAILLIEU, LIBRAIRE, QUAI DES GRANDS-AUGUSTINS, N° 43.

2,326

2,326

LA GRANDE
DANSE
MACABRE

LA GRANDE DANSE MACABRE

DES HOMMES ET DES FEMMES

PRÉCÉDÉE DU DICT DES TROIS MORS ET DES TROIS VIFZ,

DU DÉBAT DU CORPS ET DE L'AME,

ET DE LA COMPLAINCTE DE L'AME DAMPNÉE.

PARIS,

BAILLIEU, LIBRAIRE, QUAI DES GRANDS-AUGUSTINS, N° 43.

Ayant acquis il y a plusieurs années les bois gravés de la Danse Macabre de Troyes, nous en donnons une nouvelle édition conforme quant au texte à l'édition de 1486, dont l'édition de Jehan Lecocq, Troyes, 1539, était la copie et qui fut copiée à son tour par Garnier, de Troyes, en 1641.

Il y a certainement loin de cette copie à l'original dont nous reproduisons le texte, mais l'impossibilité de rencontrer les éditions des XVe et XVIe siècles, leur prix élevé dans les ventes publiques, (1) quand par hasard il s'en présente, nous fait penser que notre édition sera bien accueillie des amateurs, et remplacera les éditions de Troyes avec leur *langage renouvelé et plus poli de notre temps*, et souvent tronqué, qui ne donne qu'une faible idée de l'original, dont nous avons conservé soigneusement l'orthographe en y ajoutant seulement la ponctuation, inconnue ou négligée au XVe siècle.

(1) *Un exemplaire de la Danse Macabre; Paris, Gillet Coustiau, 1492, s'est vendu le 19 Avril 1862, à la salle Silvestre, 1170 francs, très-court de marges et dérelié.*

La grande Danse Macabre.

L'ACTEUR.

 créature roysonnable
Qui désires vie éternelle.
Tu as cy doctrine notable :
Pour bien finer vie mortelle.
La dance, macabre s'appelle :
Que chascun à danser apprant.
A l'homme et femme est naturelle
Mort n'épargne petit ne grant.

En ce miroer chascun peut lire
Qui le convient ainsi danser
Saige est celuy qui bien si mire
La mort, le vif fait avancer
Tu vois les plus grans commencer
Car il n'est nul que mort ne tiere :
C'est piteuse chose y panser.
Tout est forgié d'une matiére.

LE PREMIER MORT.

ous par divine sentence
Qui vivés en estatz diuers
Tous : danserés ceste danse
Une foys. et bons : et pervers
Et si seront mengés de vers
Vos corps . hélas : regardez nous
Mors . pourris . puans . descouvers
Comme sommes : tels serez vous.

LE SECOND MORT.

Dictes nous par quelles raisons
Vous ne pensez point a morir
Quant la mort va en vos maisons ;
Huy l'ung : demain l'autre quérir
Sans qu'on vous puisse secourir
C'est mal vivre : sans y penser
Et troup grant danger de périr.
Force est qu'il faille ainsi danser.

LE TIER MORT.

Entendez ; ce que je vous dis
Jeunes et vieulx petis et grans
De jour en jour selon les dis
Des sages : vous alez mourans
Car vos jours vont diminuans
Pour quoy : tous serez trespassez
Ceulx qui vivez : devant cent ans :
Las : cent ans seront tost passez.

LE QUART MORT.

Devant quil soient cent ans passés
Tous les vivans comme tu dis
De ce monde seront passés
En enfer : ou en paradis
Mon compagnon : mais je te dis.
Peu de gens sont qui aient cure
Des tréspassez : ne de nos dis.
Le fait d'eulx : git en adventure.

La grande Danse Macabre.

LE MORT.   LE MORT.

ous qui vivez : certainnement
Quoy qu'il tarde ainsi danserés :
Mais quant ? Dieu le scet seulement
Advisez comme vous ferés.
Dam Pape : vous commencerés
Comme le plus digne seigneur :
En ce point honoré serés
Aux grans maistre est deu l'honneur.

Et vous le non pareil du monde
Prince et seigneur grant emperière
Laisser fault la pomme d'or ronde :
Armes : sceptre : timbre : bannière.
Je ne vous lairay pas derrière
Vous ne povez plus signorir
J'en maine tout c'est ma manière.
Les fils Adam fault tous morir.

LE PAPE.   L'EMPEREUR.

Hée : faut il que la danse mainne
Le premier : qui suis dieu en terre
J'ay eu dignité souverainne
En l'eglise comme saint Pierre
Et comme autre ; mort me vient querre
Encore point morir ne cuidasse
Mais la mort a tous maine guerre
Peu vault honneur que si tost passe.

Je ne scay devant qui j'apelle
De la mort : qu'ansi me demainne.
Armé me fault de pic. de pelle :
Et d'un linseul ce mest grant paine
Sur tous ay eu grandeur mondaine :
Et morir me fault pour tout gage.
Qu'est ce de ce mortel demainne
Les grans ne l'ont pas davantage.

LE MORT.

 ous faites l'esbay se semble
Cardinal : sus legierement
Suivons les autres tous ensemble
Rien ne vault ébaïssement.
Vous avez vescu haultement
Et en honneur à grant devis :
Prenez en gré l'esbatement.
En grant honneur se pert l'advis.

LE CARDINAL.

J'ay bien cause de mesbaïr
Quant je me voy de cy près pris
La mort m'est venue assaillir :
Plus ne vestiray. vert ne gris.
Chapeau rouge. chappe de pris
Me fault laisser a grant destresse :
Je ne l'avoye pas appris.
Toute joye fine en tristesse.

LE MORT.

Venez noble roy couronné
Renommé de force et proesse
Jadis fustez environné
De grant pompez de grant noblesse
Mais maintenant toute hautesse
Lesserés : vous n'este pas seul.
Peu arés de vostre richesse.
Le plus riche n'a qu'un linceul.

LE ROY.

Je n'ay point apris a danser,
A danse et note si savage :
Las on pent veoir et penser
Que vault orgueil. force. linaige.
Mort destruit tout : c'est son usage :
Aussi tost le grant que le moindre
Qui moing se prise plus est sage.
En la fin fault devenir cendre.

LE MORT.

 égat vous êtez arresté :
Dehors ne irés je vous affie
Tenez vous seur. et apresté
Pour morir. jé vous certiffie
Que mort aujourd'huy vous deffie
Entendez y : c'est vostre fait.
En vie longue : nul ne si fie.
Le vouloir Dieu doit estre fait.

LE LEGAT.

Du Pape je avoye puissance
Se ne fut cet empeschement :
D'aller comme légat en France
Mais faire me fault autrement
Car morir voi : quant. ou comment.
Ne en quel lieu : je ne say pas
Mon Dieu est : qui le scet seulement
Mort suit l'homme pas après pas.

LE MORT.

Très noble duc : renom avez
D'avoir fait par votre proesse
Par tout : ou vous êtez trouvez :
Beaulx fais d'armes : et de noblesse.
Monstrez cy vostre ardiesse :
Et dansez pour gaigner le pris.
Après tout homme la mort chasse.
Les grans souvent sont premier pris.

LE DUC.

De mort suis assailliz très fort
Et ne say tour pour me deffendre
Je voy que la mort : le plus fort.
Comme le fleible : tend à prendre.
Que doy je faire : l'actendre
Paciement, et du bon cueur
A Dieu de ses biens grace rendre.
Hault estat n'est pas le plus seur.

LE MORT.

atriarche pour basse chière
Vous ne pouvez estre quitté
Vostre double croix qu'avés chière
Ung aultre aura : c'est équité.
Ne pensez plus a dignité :
Ja ne serés pape de Rome.
Pour rendre compte este cité
Folle espérance déçoit l'homme.

LE PATRIARCHE.

Bien aperçoy que mondain honneur
Ma deceu : pour dire le voir
Mes joie a torné en doleur :
Et que vault tant d'honneur avoir :
Trop hault monter n'est pas savoir
Haulx éstas gaitent gens sans nombre
Mais peu le veulent parcevoir.
A hault monter le faiz encombre.

LE MORT.

C'est de mon droit que je vous mainne
A la dance gent connestable.
Les plus fors come Charlemaigne.
Mort prent : c'est chose véritable.
Rien n'y vault chière espouventable
Ne fortes armés en cest assault
D'un coup j'abas le plus estable.
Rien n'est d'armés quant mort assault.

LE CONNESTABLE.

J'ayoye encor intencion
D'assaillir chateau. forteresse :
Et mener à subjection
En acquérant honneur. richesse :
Mais je voy que toute proesse
Mort met a bas : c'est grant despit
Tout lui est ung : douleur rudesse.
Contre la mort n'a nul respit :

La grande Danse Macabre.

LE MORT.

 ue vous tirés la teste arrière
Archevesque : tiré vous près
Avés vous peur qu'on ne vous tière
Ne doubtez : vous venrés après.
N'est pas toujours la mort enprès
Tout homme : et le suit coste à coste
Rendre convient debtes. et prestz.
Une fois fault compter à l'oste.

L'ARCHEVESQUE.

Las : je ne say ou regarder
Tant suis par mort à grant Destroit
Ou fuir ay-je pour moy aider :
Certes qui bien la congnoistroit
Hors de raison jamais nistroit
Plus ne gerray en chambre painte.
Morir me convient c'est le droit.
Quant faire fault c'est grant contrainte:

LE MORT.

Vous qui entre les grans barons
Avés eu renom chevalier :
Obliez trompettes. clarons.
Et me suivés sans sommeillier :
Les dames soliés reveillier :
En faisant danser longue pièce.
A autre danse fault veillier
Ce que l'un fait l'autre dépièce.

LE CHEVALIER.

Or ay-je ésté autorisé
En pleuseurs fais : et bien famé
Des grans. et des petits prisé
Avec ce des dames amé.
Ne oncques ne fus diffamé
A la court de seigneur notable :
Mais a ce coup suis tout pasmé
Dessoubz le ciel n'a rien estable.

LE MORT.

antost n'aurez vaillant ce pic
Des biens du monde. et de nature.
Evesque : de vous il est pic
Non ostant votre prélature.
Vostre fait gît en aventure.
De vos subgés fault rendre compte :
A chascun Dieu fera droicture.
N'est pas asseur qui trop hault monte.

L'EVESQUE.

Le cueur ne me peult esjouir
Des nouvelles que mort m'apporte
Dieu vouldra de tout compte oïr :
C'est ce que plus me desconforte :
Le monde aussi : peu me conforte
Qui tous à la fin deshérite.
Il retient tout : nul rien n'emporte
Tout ce passe fors le mérite.

LE MORT.

Avancé vous gent escuier
Qui savés de danser les tours.
Lance pourtiés : et escu hier :
Et huy vous finerés vos jours.
Il n'est rien qui ne preigne cours.
Dansez : et panser de suir
Vous ne pouvez avoir secours.
Il n'est : qui mort puisse fuir.

L'ESCUIER.

Puisque mort me tient en ses las
Au moins que je puisse un mot dire
A dieu déduis : a dieu solas :
A dieu dames plus ne puis rire.
Pensez de l'ame : qui désire
Repos. ne vous chaille plus tant
Du corps : que tous les jours empire
Tous fault morir on ne scet quant.

LE MORT.

bbé : venez tost : vous fuyez :
N'ayez ja la chière esbaye.
Il convient que la mort suyvez :
Combien que moult l'avez haye
Commandez a Dieu l'abaye :
Que gros et gras vous a nourry.
Tost pourrirez a peu de aye
Le plus gras est premier pourry.

L'ABBÉ.

De cecy n'eusse point envie :
Mais il convient le pas passer
Las : or n'ay-je pas en ma vie
Gardez mon ordre sans casser
Gardé vous de trop embrasser
Vous qui vivez au demorant :
Se vous voulez bien tréspasser
On s'avise tard en mourant.

LE MORT.

Bailly qui savez qu'est justice
Et hault et bas : en mainte guise :
Pour gouvernez toute police.
Venez tantost a ceste assise.
Je vous adjourne de main mise
Pour rendre compte de vous fais
Au grant juge : qui tout ung prise.
Ung chascun portera son fais.

LE BAILLY.

Hée Dieu : vécy dure journée :
De ce coup pas ne me gardoye
Or est la chanse bien tornée :
Entre juge, honneur avoye.
Et mort fait ravaler ma joye :
Qui m'a adjourné sans rappel
Je ne voy plus ne tour ne voye.
Contre la mort n'a point d'appel.

LE MORT.

aistre : pour vostre regarder
En hault : ne pour vostre clergie :
Ne pouvez la mort retarder.
Cy ne vault rien astrologie.
Toute la généalogie
D'Adam qui fut le premier homme
Mort prent : ce dit théologie.
Tous fault mourir pour une pomme.

L'ASTROLOGIEN.

Pour science ne pour dégrez :
Ne puis avoir provision.
Car maintenant tous mes regrez
Sont : morir à confession.
Pour finable conclusion
Je ne scay rien de plus descrive.
Je pers cy toute advision.
Qui vouldra bien morir bien vive.

LE MORT.

Bourgeois hastez vous sans tarder
Vous n'avez avoir ne richesse
Qui vous puisse de mort garder
Se des biens dont eustes largesse :
Aves bien usé c'est sagesse.
D'autruy vient tout : a autruy passe
Fol est qui d'amasser se blesse.
On ne scet pour qui on amasse.

LE BOURGEOIS.

Grant mal me fait si tost laissier
Rentes : maisons : cens : norritures
Mais pouvres : riches abaissier
Tu fais, mort : telle est ta nature
Sage n'est pas la créature.
D'amer trop les biens qui demeurent
Au monde : et son sien de droiture.
Ceulx qui plus ont : plus enviz meurent.

LE MORT.

ire chanoine prébendez :
Plus ne aurez distribucion :
Ne gros : ne vous y actendez :
Prenez cy consolation
Pour toute rétribucion
Morir vous convient sans demeure
Ja n'y aurez dilation
La mort vient qu'on ne garde l'heure.

LE CHANOINE.

Cecy guère ne me conforte :
Prébendé fus en mainte église.
Or est la mort plus que moy forte
Que tot en mainne : c'est sa guise
Blanc surpelis et aumusse grise
Me fault laissier : et à mort rendre.
Que vault gloire sy tost bas mise.
A bien morir doit chascun tendre.

LE MORT.

Marchant : regardez par deça.
Pleuseurs pays avez cerchié
A pié : et à cheval de piéça :
Vous n'en serés plus empeschié
Vécy vostre dernier marchié.
Il convient que par cy passez.
De tout soing serez despeschié.
Tel convoite qui a assez.

LE MARCHANT.

J'ay esté amont et aval
Pour marchander ou je pouvoye
Par long temps a pié : à cheval :
Mais maintenant pers toute joye
De tout mon pouvoir acqueroye :
Or ay je assez. mort me contraint.
Bon fait aller moyenne voye.
Qui trop embrasse peu estraint.

LE MORT.

 ommes pluseurs sont chers tenus
Au siècle. et en religion.
Lesquelx touteffois sont venus
De gens de basse condition
La doctrine et correction
De vous maistre : telx les a fait.
Or mourrez vous : conclusion.
Homme par mort est tout deffait.

LE MAISTRE D'ESCOLE.

Grammaire est science sans fable :
De toutes autres ouverture :
A jeunes enfens couvenable
Car sans elle : je vous assure
Que autres sciences n'ont cure
De entrer en entendement.
Ainsi le veult Dieu. et nature.
Par tout il fault commencement.

LE MORT.

Sur coursier ne cheval de pris
Homme d'armes ne monterés
Plus. puis que la mort vous a pris :
Advisez comme vous ferés
Le monde ja tost laisserés
Ne actendez plus courir la lance
Regardez moy : tel vous serés.
Tous jeux de mort sont a oultrance.

L'HOMME D'ARMES.

A Dieu le service du roy
Que soloye faire soir et main.
De mort suis prins en désarroy :
Sans respit jusques a demain.
A ceste danse par la main
Je suis menez piteusement.
Mort y contraint tout homme humain
Mourir fault : on ne scet comment.

LE MORT.   LE MORT.

omme d'armes plus ne resté
Allez sans faire resistence
Cy ne pouvez rien conquesté.
Vous aussi homme d'astinence
Chartreux : prenés en pacience
De plus vivre n'ayez mémoire.
Faitez vous valoir à la danse.
Sur tout homme mort a victoire.

Sergent qui portez celle mace
Il semble que vous rébellez.
Pour néant faitez la grimace :
Se on vous grève si appellez.
Vous esté de mort appelez.
Qui lui rebelle il se déçoit.
Les plus fort sont tost ravallez
Il n'est fort qu'aussi fort ne soit.

LE CHARTREUX.   LE SERGENT.

Je suis au monde piéça mort
Par quoy de vivre ay moing envie
Ia soit que tout home craint mort
Puis que la char est assouvie :
Plaise a Dieu que l'ame ravie
Soit es cielx après mon tréspas.
C'est tout néant de ceste vie.
Tel est huy : qui demain n'est pas.

Moy qui suis royal officier :
Comme m'ose la mort frapper
Je fasoye mon office hier
Et elle, me vient huy happer
Je ne scay quelle part eschapper :
Je suis pris deça et delà.
Malgré moy me laisse apper :
Enviz meurt qui appris ne l'à.

LE MORT.

a maistre : par la passerés
N'ayez ja soing de vous deffendre
Plus hommes n'espouvanterés.
Après moine sans plus actendre
Ou pensez vous : cy fault entendre
Tantost aurez la bouche close.
Homme n'est : fors que vent et cendre
Vie d'homme est moult peu de chose.

LE MOINNE.

J'amasse mieulx encore estre
En cloistre et faire mon service
C'est ung lieu dévost et bel estre
Or ay je comme fol et nice.
Du temps passé commis maint vice
De quoy n'ay pas fait pénitance
Souffisant. Dieu me soit propice
Chascun n'est pas joyeux qui danse.

Usure est tant maulvaiz péchié
Comme chascun dit : et raconte.
Et cest homme qui approchié
Se sent de la mort n'en tient conte

LE MORT.

Usurier. de sens desruglés
Venez tost : et me regardez.
D'usure estes tant aveuglés :
Que d'argent gaignez tout ardez
Mais vous en serés bien lardez
Car se Dieu qui est merveilleux
N'a pitié de vous : tout perdez
A tout perdre est coup périlleux.

L'USURIER.

Me convient-il si tost morir
Ce m'est grant peine et grévance
Et ne me pourroit secourir
Mon or, mon argent, ma chevance,
Je vois morir la mort m'avance
Mais il me desplait somme toute
Qu'est-ce de male acoustumance
Tel a beaulx yeux qui ne voit goute.

LE POVRE HOMME.

Mesme l'argent qu'en ma main compte
Encore à usure me preste
Il devra de retour au compte
N'est pas quitte qui doit de reste.

La grande Danse Macabre. 15

LE MORT.

 édicin a tout votre orinne
Voiés vous icy quamander
Jadis soutes de médicine
Assés pour pouvoir commander.
Or vous vient la mort demander.
Comme autre vous convient morir
Vous ny pouvés contremander.
Bon mire est : qui se scet guérir.

LE MÉDICIN.

Long temps a quen l'art de phisique
J'ay mis toute mon estudie.
J'avoye science et pratique.
Pour guérir mainte maladie.
Je ne scay que je contredie
Plus n'y vault herbe ny racine
N'autre remède quoy qu'on die
Contre la mort n'a médicine.

LE MORT.

Gentil amoureux gent et frique
Qui vous cuidez de grant valeur
Vous estez pris, la mort vous pique
Le monde larés a doleur.
Troup l'avez amer : c'est foleur
Et a morir peu regarder
Ia tost vous changerés coleur.
Beauté n'est qu'image farder.

L'AMOUREUX.

Hélas : or n'y a il secours
Contre mort, a Dieu amourettes :
Moult tost va jeunesse a decours
A Dieu chapeaux bouqués fleurètes.
A Dieu amans et pucelettes :
Souvienne vous de moy souvent.
Et vous mirez se sages estes :
Petite plue abat grant vent.

LE MORT.

dvocat sans long procès faire
Venez vostre cause plaidier.
Bien avés sceu les gens actraire
De piéça : non pas duy ne d'ier.
Conseil si vous ne peut aidier.
Au grand iuge vous fault venir
Savoir le devés sans cuidier.
Bon fait iustice prévenir.

L'ADVOCAT.

C'est bien droit que raison se face
Ne ie n'y scay mectre deffence :
Contre mort n'a respit ne grace :
Nul n'apelle de sa sentence.
J'ay eu de l'autruy quant ie y pense
De quoy ie doubte estre repris
A craindre est le iour de vengence
Dieu rendra tout a iuste pris.

LE MORT.

Ménestrel qui dansés et notés
Savez : et avez beau maintien
Pour faire esiouir sos. et sotes :
Qu'en dicte vous. alons nous bien
Monstrer vous fault puisqu'on vous tien
Aux autres cy : ung tour de danse
Le contredire n'y vault rien
Maistre doit monstrer sa science.

LE MENESTREL.

De danser ainsi n'eusse cure
Certes très enuiz ie m'en mesle :
Car de mort n'est painne plus dure
J'ay mis sub le banc ma vielle
Plus ne corneray sauterelle
N'autre danse : mort m'en retient
Il me fault obeïr a elle.
Tel danse a qui a cueur n'en tient.

LE MORT.

LE MORT.

 assés curé sans plus songer :
Je sens qu'estez abandonné.
Le vif, le mort soliés menger
Mais vous serés aux vers donné.
Vous futes iadis ordonné
Miroir d'autruy. et exemplaire.
De vous fais serés guirdonné.
A toute painne est deu salaire.

LE CURE.

Veuille ou non il fault que me rende
Il n'est homme que mort n'assaille.
Hée : de mes parrosiens offrende
N'auray iamais : ne funéraille,
Devant le iuge fault que ie aille
Rendre compte las doloreux :
Or ay ie grant peur que ne faille.
Qui Dieu quitte bien est eureux.

Laboreur qui en soing et painne
Avez vescu tout votre temps :
Morir fault c'est chose certainne
Reculler n'y vault ne contens :
De mort devés estre contens
Car de grant soussy vous délivre
Approchez vous ie vous actens
Folz est qui cuyde tousiours vivre.

LE LABOUREUR.

La mort ay souhaité souuent
Mais volentier ie la fuisse
J'amaisse mieulx pluye ou vent
Estre es vignes ou ie fouisse :
Encor plus grant plaisir y prisse
Car ie pers de peur tout propos.
Or n'est il qui de ce pas ysse.
Au monde n'a point de repos.

LE MORT.

romoteur venez à la court
Tantost : et soyez advisé
Respondre le long. ou le court.
Du cas qui vous est imposé.
C'est : car vous este accusé
N'avoir pas tousiours iustement
De vostre office bien usé
En mal fait git amendement.

LE PROMOTEUR.

J'eusse demain receu six solz
D'un homme qui est en sentence
Pour consentir qui fut absoulz
Se i'eusse ester à l'audience.
Plus ne me fault penser en ce
Mort ma souspris en son embuche
Prendre me fault en pacience
Bien charie droit qui ne trébuche.

LE MORT.

En soussy. peine et travcil
Avez gardé prisons géolier
Souvent on vous a fait resveil
Cuidanz dormir ou sommeillié
Vous n'en serez plus traveillié
Venez danser sans plus de plait
Cy est : ou vous devez veillier
Il faut morir quand a Dieu plait.

LE GEOLIER.

Je tenoye de bons prisonniers
Desquelz i'atendoye recepvoir
Plenne ma bourse de déniers
Pour despence. et pour avoir
Les garder. et fait mon devoir
De les penser bien loyalment.
Quant on meurt on doit dire voir.
Dieu scet qui dit vray ou qui ment.

La grande Danse Macabre.

LE MORT.

élerin : vous avez assez
Aller en pélerinage.
Trauelle estez : et lassez.
Bien appart a vostre visage
C'est cy vostre derrenier vouage
Que bon vous soit faitez deuoir.
La fin couronne tout ouvrage
Selon euure payement auoir.

LE PÉLERIN.

En tous temps yuers et esté.
Vouager estoit mon désir.
Or suis ie par mort arresté
J'en loue Dieu : quant c'est son plésir.
Et le prie qui me doint loisir
De tous mes pechés confesser :
Pour mon ame en repos gésir.
Ung iour me faloit tout lesser.

LE MORT.

Brégier : dansez legiérement
Ici n'est pas qu'on doit songer.
Doz brébis sont certainnement
Maintenant en atruy danger
Car vous serez pour abréger
Tost passez. plus ne pouuez viure
L'estat de l'homme est tost changer.
Qui meurt de maitz malx est deliuré.

LE BERGIER.

Las : or demeurent en grant danger
Mes brébis aux champs sans pastour
Loups effamés pour les menger
A ceste heure sont alentour.
Ou pour leur faire acun faulx tour
Loups sont maulvais de leur nature.
Son crye ils fuent puis font retour.
A tous viuans la mort court sure.

La grande Danse Macabre.

LE MORT.

aicte voye vous aués tort
Sus Bergier. après cordélier
Souuent auez preschié de mort
Si vous deuez moing mervellier
Ia ne s'en fault esmay Ballier
Il n'est si fort que mort n'areste
Si fait bon a morir veillier.
A toute heure la mort est preste.

LE CORDELIER.

Qu'est-ce : que de viure en ce monde.
Nul homme a seurté ny demeure :
Toute vanité y habonde
Puis vient la mort qu'à tost court sure
Mendicité point ne me assure
Des mesfais fault paier l'amende.
En petite heure Dieu labeure.
Sage est le pécheur qui s'amende.

LE MORT.

Petit enfant na guère né :
Au monde auras peu de plaisance.
A la danse seras mené
Comme un autre, car mort a puissance
Sur tous : du iour de la naissance
Convient chascun a mort offrir :
Fol est qui n'en a cognoissance.
Qui plus vit plus a à souffrir.

L'ENFANT.

A. a. a. ie ne scay parler
Enfant suis : i'ay langue mue,
Hier naquis huy m'en fault aller
Je ne faiz que entrer et yssue
Rien n'ay mesfait. mais de peur sue
Prendre en gré me fault c'est le mieulx
L'ordenance Dieu ne se mue.
Ainsi tost meurt ieune que vieulx.

La grande Danse Macabre.

LE MORT.

 uidez vous de mort eschapper
Clerc esperdu pour reculer :
Il ne s'en fault ia défripper.
Tel cuide souuent hault aller
Qu'on voit a cop tost raualler
Prenez en gré : alons ensemble
Car rien n'y vault le rébeller
Dieu punit tout quant bon lui semble.

LE CLERC.

Faut il qu'un ieusne clerc seruant
Qui en seruice prent plésir
Pour cuider venir en auant
Meure si tost : c'est desplésir
Je suis quitte de plus choisir
Aultre estat. il faut qu'ainsi danse
La mort m'a pris a son loisir.
Moult remaint de ce que fol pense.

C'est bien dit : ainsi on doit dire
Il n'est qui soit de mort delivre.
Qui mal vit il aura du pire :
Si pense chascun de bien vivre.

LE MORT.

Clerc : point ne fault faire refus
De danser : faicte vous valoir.
Vous n'estez pas seul : leuez sus
Pour tant moins voz en doit chaloir.
Venez après c'est mon voloir
Homme noury en hermitaige :
Ia ne vous en conuient doloir
Vie n'est pas sur héritaige.

LE HERMITE.

Pour vie dure ou solitaire
Mort ne donne de viure espace.
Chascun le voit si s'en fault taire
Or requier Dieu qu'un don me face
C'est que tous mes peschies efface
Bien suis contens de tous ses biens
Desquelx ia usé de sa grace
Qui na suffisance il na riens.

LE MORT.

Dieu pésera tout à la livre
Bon y fait penser soir et main
Meilleure science n'a en liure.
Il n'est qui ait point de demain.

LE MORT.

ux bonnes gens de villages
Auez mengez la poulalle
But le vin : faitz grans oultrages
Sans payer denier ne maille
A tout vostre chappeau de paille
Hallebardié : venez avant
Et danserés vaille que vaille
Autant vault dernier que devant.

LE HALLEBARDIÉ.

Je crains passer le passage
De mort. quant bien ie y regarde
Qui ne le craint : n'est pas sage.
Rien ny vauldroit ma hallebarde.
Ne feroit pas une bombarde.
Si ie me cuidoye deffendre.
Chascun se tienne sur sa garde.
Quant mort assaut il se fault rendre.

LE MORT.

Que si dansez n'est que usage
Mon ami sot : bien vous advient
De y danser comme plus sage
Tout homme danser y convient
L'escriture si m'en souvient
Dit en ung pas : qui bien l'entend
L'homme s'en vad point ne revient
Chascun chose a sa fin tend.

LE SOT.

Or sont maintenant bons amis
Et dansent icy d'un accord :
Pleuseurs qui estoient ennemis
Quant ilz viuoient et en discord
Mais la mort les a mis d'acord
La quelle fait estre tout ung
Sages et sotz : quant Dieu l'acord
Tous mors sont d'un estat commun.

LE ROY MORT.

ous qui en cette portraiture
Veez danser estas divers
Pensez que humainne nature
Ce n'est fors que viande à vers,
Je le monstre : qui gis enuers
Si ay ie esté roy couronnez.
Tel serez vous bons : et peruers.
Tous estas : sont a vers donnés.

Bon y fait penser soir et main
Le penser en est profitable.
Tel est huy : qui mourra demain
Car il n'est rien plus véritable
Que de morir. ne moing estable
Que vie d'homme. on la parçoit
A l'eul. pour quoy n'est pas fable.
Fol ne croit iusques il reçoit.

L'ACTEUR.

ien n'est d'homme qui bien y pense
C'est tout vent : chose transitoire.
Chascun le voit : par ceste danse.
Pour ce vous qui veez l'istoire
Retenez la bien en mémoire.
Car homme et femme elle amoneste :
D'avoir de paradis la gloire :
Eureux est qui es cieulx fait feste.

Mais aquns sont a qui n'en chault
Comme si ne fut paradis
Ne enfer. hélas : ils auront chault.
Les liures que firent iadis.
Les sains : le monstrent en beaux dis.
Aquitez vous que cy passés :
Et faites des biens : plus n'en dis
Bienfait vault moult es trespassés.

uisque ainsi est que la mort soit certainne :
Plus que aultre rien terrible et douloureuse
Et que chose ne peult estre incertainne
Puisque en est l'heure horrible et angoisseuse
Et soit si briefue et partant périlleuse
Las nostre vie : en ceste vallée misérable.
Il m'est aduis pour le plus conuenable :
Que nous deuons du tout entièrement
Mectre soub pié ce monde décepuable.
Pour bien morir et viure longuement.

élesser doit toute ioye mondainne
Et mener vie humble et religieuse
Qui monter veult à la très souuerainne
Cité des cieulx, qui tant est glorieuse.
La contempler doit tousiours l'ame eureuse
Qui aime Dieu et hait euure de diable
Suiure les bons estre a tous charitable
Soy confesser souvent déuotement.
Et messe ouir qui tant est profitable.
Pour bien mourir et viure longuement.

roup s'abuse homme qui demainne
Orguiel en luy et vie ambitieuse
Quant il scet bien que la mort tout emmainne
Qui vient souuent soudainne et merueilleuse.
Mais doit penser la passion piteuse
Du redempteur. et la peine doutable
D'enfer sans fin. qui est irréueccable.
Le iour hatif du diuin iugement.
Et ses péchés. comme saige et notable
Pour bien morir et viure longuement.

 mortel homme : et ame roisonnable
Se après mort ne veulx estre dampnable
Tu dois le iour une fois seulement
Penser du moins ta fin abhominable
Pour bien morir et viure longuement.

Cy finit la Danse Macabre des hommes.

Sensuit la Danse Macabre DES FEMMES.

L'ACTEUR.

irez vous icy mirez femmes
Et mectez vostre affection
A penser a vos pouures ames
Qui désirent salvation.
Cy bas, n'est pas la mansion
Ou vous devez estre tousjours,
Mort metz tout a destruction :
Grant et petit meurt tous les jours.

Pour noblesse ne pour honneur
Pour richesse. ou pouureté
Pour estre dame de valeur
Ou femme de mendicité
Ne différé mort équité :
Mais autant d'une part que d'autre
Sans avoir mercy ni pité
Huy prent l'une : et demain l'autre.

La grande Danse Macabre.

LE PREMIER MÉNESTREL.

enez dames et damoiselles
Du siècle et de religion
Veufues, mariées et pucelles
Et autres sans exception
De quelconque condition.
Toutes danser a ceste danse
Vous y venrez, veullez ou non :
Qui sage est souuent y pense.

LE SECOND.

Quoy sont voz corps, je vous demande
Femmes jolies tant bien parée
Ilz sont pour certain la viande
Q'un jour sera aux vers donnée.
Des vers sera donc devorée
Vostre char qui est fresche et tendre
Ia il n'en demourra goullée
Voz vers après deviendront cendre.

LE TIERS.

Compaignon, bonne est ta raison
De ces femmes oultrecuidée,
Que leurs corps sera venaison
De vers puans ung jour mengée.
En porroit elles estre gardée
Pour or. argent. ne rien qui soit :
Nenny. bien sont doncques abusée
Qui ne s'amende il se déçoit.

LE QUART.

O femmes mirez vous en ung tas
D'ossemens de gens trespassés
Lesquelz ont en divers estas
Au monde estez leurs temps passés
Et maintenant sont entassés
L'un sur l'autre : gros. et menus.
Ainsi serés : or y pensés,
La char pourrie, les os tous nus.

LA MORTE.

oble royne de beau coursage
Gente et joyeuse a l'advenant
J'ay de par le grant maistre charge
De vous en mener maintenant
Et comme bien chose advenant
Ceste danse commencerez.
Faictez deuoir au remenant
Vous qui vivez ainsi ferez.

LA ROYNE.

Ceste danse m'est bien nouvelle
Et en ay le cueur bien surprins
Hée Dieu : quelle dure nouuelle
A gens qui ne l'ont pas apprins
Las en la mort est tout comprins
Royne. dame. grant ou petite
Les plus grans sont les premiers prins
Contre la mort n'a point de fuyte.

LA MORTE.

Après madame la duchesse
Vous vien quérir et pourchasser
Ne pensez plus a la richesse
A biens ne joyaulx amasser.
Aujourd'uy vous fault trespasser
Pour quoy de vostre vie est fait
Folie est de tant embrasser.
On n'emporte que le bienfait.

LA DUCHESSE.

Je n'ay pas encore trente ans
Hélas : a leure que commence
A sauoir que c'est de bon temps
Mort me vient tollir ma plaisance.
Jay des amis, et grant chevance
Soulas. esbas. gens a deuis
Pour quoy moingz me plaist c'est dance
Gens aisés si meurent enuys.

LA MORTE.

Or ça ma dame la régente
Qui auez renom de bien dire
De danser. fringuer. estre gente
Sur toutes qu'on sauroit eslire.
Vous soliez autres faire rire
Festiez gens et ralier
Or il est temps de vous réduire.
La mort fait tretout oublier.

LA RÉGENTE.

Quant me souuient des tabourins
Nopces. festes. harpes. trompettes.
Menestrelx. doulcines. clarins :
Et des grans chères que jay faictes
Je congnoiz que telx entrefaictes
En temps de mort n'ont point de lieu
Mais tornent en pouures empleites
Tout se passe fors amer Dieu.

LA MORTE.

Gentille femme de chevallier
Que tant amez déduit de chasse
Les engins vous fault habiller
Et suiure le train de ma trasse
C'est bien chasser quant on pourchasse
Chose a son ame méritoire
Car au derrain mort tout enchasse :
Ceste vie est moult transitoire.

LA FEMME DU CHEVALIER.

Pas si tost mourir ne cudoye
Et comment dea : je souppe hier
Sur l'erbe verte a la saulsoye
Ou fis mon espervier gayer.
En rien plus ne se fault fier
Et qu'est ce des fais de se monde
Huy rire demain iermoyer.
La fin de joye en deul redonde.

LA MORTE.   LA MORTE.

ame abesse vous lesserez
Labbaye que auez bien amée.
Q'un peu des biens n'enporterez
Plus n'en serez dame appelée
Vostre crosse d'argent dourée
Une de voz seurs auera
Qui après vous sera sacrée
Tout fut aultruy : tout y sera.

L'ABESSE.

Le seruice hier je fasoye
En l'église comme abesse
Et ma crosse d'argent portoye
A matines et à la messe
Et aujourd'uy fault que je lesse
Abbaye crosse et couuent
Hée Dieu : ce monde qu'est ce
On est de mort sourprins souuent.

Dame ployez voz gorgerettes
Il n'est plus temps de vous farder
Voz toretz, fronteaux, et bauetes,
Ne vous poiroient icy aider.
Pleuseurs sont déceu par cuider
Que la mort pour leur habit flèche
Chascun il deust bien regarder :
Par habit mainte femme pèche.

LA FEMME DE L'ESCUYER.

Hée : qu'ay je meffait ou mesdit
Dont doye souffrir telle perte
Jauoye acheté au landit
Du drap pour taindre en ecarlète
Et eusse eu une robe verte
Au premier jour de l'an qui vient :
Mais mon emprinse est descouuerte :
Tout ce qu'on pense pas n'auient.

LA MORTE.

e vous avez sans fiction
Tout vostre temps servir a Dieu
Du cueur : en la religion
Laquelle vous auoit vestue :
Celui qui tous biens retribue
Vous compensera loyalment
A son vouloir : en temps et lieu.
Bienfait quiert auoir bon payment.

LA PRIEUSE.

Se estoit en ma religion
Seruir a Dieu tout mon desir :
En cloystre par déuotion
Dire mes heures a lésir.
Or m'est venue la mort sésir.
Au monde n'ay point de regré.
Face Dieu de moy son plésir.
Prandre doit on la mort en gré.

LA MORTE.

Venez après ma damoiselle
Et serrez tous voz affiquetz.
N'en chault se estez layde ou belle
Cessez vous fault plait et quaquetz
Plus ne irés a ces bancquetz :
Ou sent si souef l'eau de rose
Ne verrez jouster a rouquetz.
Femmes font faire moult chose.

LA DAMOISELLE.

Que mé vallent mes grans atours
Mes habitz. jeunesse. beauté.
Quant tout me fault lesser en plours
Oultre mon gré et volenté.
Mon corps sera tantost porté
Aux vers et a la pourriture.
Plus n'en sera ballé ne chanté
Joye mondaine bien peu dure.

La grande Danse Macabre.

LA MORTE.

t vous aussi gente bourgeoise
Pour néant vous excuserez
Il est force que chascun voise :
Comme véez et aduisez.
Vos beaux gorgias empésez
N'y font rien, ne large sainture
Maintz hommes en sont abusez
En tous estatz il fault mesure.

LA BOURGEOISE.

Mes getz et colletz de létisse
Ne me exemptent point de mort
Mais mes grans joyes et delices.
Me viennent icy a remort.
Ma conscience fort me mord
Des folies faictes en jeunesse
Qui me sont a rebours très fort
Joye en la fin torne en tristesse.

LA MORTE.

Femme vefue venez auant
Et uous auancez de venir
Vous veez les autres deuant
Il conuient une fois finir.
C'est belle chose de tenir
L'estat ou on est appelée
Et soy toujours bien maintenir :
Vertuz est tout par tout louée.

LA FEMME VEFUE.

Depuis que mon mari morut
J'ay eu des affaires granment
Si non : de Dieu gart seulement :
Sans que ame m'aye secourut
J'ay des enfans bien largement
Qui sont jeunes et non pourueus
Dont j'ay pité : mais nullement
Dieu ne lesse aucuns despourueus.

LA MORTE.

 llons oultre gente marchande
Et ne vous chaille de péser
La marchandie qu'on demande :
C'est simplesse d'y plus muser.
A l'ame deussez aduiser.
Le temps s'en va heure après heure
Et n'est tel que d'en bien user.
Le merite et bienfait demeure.

LA MARCHANDE.

Qui gardera mon ouurouer
Tendis que je suis à mal aise :
Mes gens ne feront que jouer.
Les biens leur viennent a leur aise.
Adieu ma balance et ma chaise
Ou j'ay eu les yeulx diligens
Pour plus cher vendre dont me poise.
Auarice déçoit les gens.

LA MORTE.

Après ma dame la balliue
Des quaquetz tenus en l'église
Juger auez par raison viue
Maintes gens a vostre guise
Je vous signifie main mise
Pour pouuoir d'autre en voz lieu,
Car aujourdhuy serez desmise.
Point ne se fault jouer à Dieu.

LA BALLIUE:

Que femme se plaint de léger
La costume n'est pas nouuelle :
Que s'entremecte de juger
Des fais d'auctruy et non pas d'elle
Chascune se répute telle
Que ce quelle fait est bien fait.
Qu'oncques mal ne fut dit par elle.
Il n'est rien au monde parfait.

La grande Danse Macabre.

LA MORTE.

our vous monstrer vostre folie
Et qu'on doit sur la mort veiller:
Ça la main espousée jolie
Allons nous en deshabiller.
Pour vous ne fault plus traueiller
Car vous viendrez coucher ailleux
On ne se doit trop resueiller.
Les fais de Dieu sont merueilleux.

L'ESPOUSÉE.

En la journée qu'auoye désir
D'auoir quelque joye en ma vie:
Je n'ay que deul et desplaisir
Et si faut que tantost deuie.
Hée mort : pour quoy as tu enuie
De moy : qui me prent si a coup.
Si grant faulte n'ay deseruie.
Mais il fault louer Dieu de tout.

LA MORTE.

Femme nourrie en mignotise
Qui dormez jusques au disner
On va chauffer vostre chemise
Il est temps de vous desjeuner.
Vous ne deussez jamais jeuner
Car vous estez trop maigre et vuide
A demain vous viens adjourner :
On meurt plus tost que on ne cuyde.

LA FEMME MIGNOTE.

Pour Dieu qu'on me voise quérir
Médicin ou appoticaire.
Et comment : il me fault morir
J'ay mary de si bon affaire.
Aneaulx. robes. ix. ou dix paires.
Ce morceau cy m'est trop aigret.
Moult se passe tost vainne gloire.
Femme en ses saulx meurt a regret.

LA MORTE.

oulce fille et belle pucelle
Ne vous chaille ja de lesser
La misère de vie mortelle
Qui convient à chascun passer.
Car qui vouldroit bien tout trasser
Il na seurté n'arrest en lieu
Fort son sauuement pourchasser.
Virginité plait bien a Dieu.

LA PUCELLE VIERGE.

En ce siècle jeunes ne vieulx
Ne sont pas en grant seurté
De larmes sont souuent les yeulx
Plains pour ennuy. ou pouureté.
Se on a une joyeuseté
Il vient après quinze doleurs
Pour ung bien : double aduersité.
Plaisir mondain finit en pleurs.

LA MORTE.

Nous direz vous rien de nouueau.
Ma dame la théologienne,
Du testament vieulx ou nouueau.
Vous véez comme je vous menne
Et estez ja fort ancienne
Il fait bon cecy recongnoistre
Et à bien morir mectre paine.
C'est beaucop que de se congnoistre.

LA THÉOLOGIENNE.

Femme qui de clergie respond
Pour auoir bruit ou qu'on l'escoute
Et des morues du petit pont
Qui ont grans yeulx et ne voyent goute
Sage est qui rondement si boute
Et qui trop veult sauoir : est bugle
Le hault monter souuent cher couste.
Chascun en son fait est aueugle.

La grande Danse Macabre.

LA MORTE.

près : nouuelle mariée
Qui auez mis vostre désir
A danser, et estre parée
Pour festes et nopces choisir.
En dansant je vous viens saisir
Aujourd'huy serez mise en terre.
Mort ne vient jamais à plaisir
Joye s'en va comme feu de ferre.

LA NOUUELLE MARIÉE.

Las : demy an entier n'a pas
Que commence a tenir mesnage
Par quoy si tost passer le pas
Ne m'est pas doulceur. mais rage.
J'auoye désir en mariage
De faire et mons et merueilles.
Mais la mort de trop près me charge
Ung peu de vent abat grans feulles.

LA MORTE.

Femme grosse prenez loisir
D'entendre à vous légerement
Car huy mourrez. c'est le plaisir
De Dieu et son commandement.
Allons pas a pas bellement
En getant vostre cueur es cieulx
Et n'ayez peur aucunement :
Dieu ne fait rien que pour le mieux.

LA FEMME GROSSE.

J'auray bien petit de déduit
De mon premier enfantement
Si recommande a Dieu le fruit
Et mon ame pareillement.
Hélas. bien cuidoye aultrement
Avoir grant joye en ma gésine
Mais tout va bien piteusement :
Fortune tost se change et fine.

LA MORTE.

ictez, jeune femme à la cruche
Renommée bonne chambériere
Respondez au moins quant on huche
Sans tenir si rude manière.
Vous n'irez plus a la riuiere
Bauer. au four n'a la fenestre
C'est ci vostre journée dernière :
Aussi tost meurt seruant que maistre.

LA CHAMBERIERE.

Quoi ma maistresse ma promis
Me marier et des biens faire
Et puis si ay d'autres amis
Qui lui aideront à parfaire :
Hée m'en iray je sans rien faire
J'en appelle. on me fait tort
Aussi ne m'en scauroye je taire
Peu de gens désirent la mort.

LA MORTE.

Scauez vous recommanderesse
Point ung bon lieu pour moy loger
J'ay bien mestier que on m'adresse
Car nul ne me veult héberger.
Mais j'en feray tant desloger
Que on cognoistra mon enseigne
Mourir fault pour vous abréger :
Nul ne pert que autre ne gaigne.

LA RECOMMANDERESSE.

En la mort n'a point de amité
Et si ne fait riens pour requeste
Or. argent. prière. pité
Pour néant on s'en rompt la teste
Qui y veult résister est beste
La mort a nulluy ne complaist
Et fault tous danser à sa feste :
Mourir conuient quant a dieu plaist.

La grande Danse Macabre.

LA MORTE.

 a demoiselle du bon temps
A tout voz anciens atours
Il est de vous en venir temps
Nature a en vous pris son cours.
Vous ne pouuez viure tousjours
Je voy deuant, venez après
Et ne faictez point longz séjours :
Vielles gens sont de la mort près.

LA VIEILLE DEMOISELLE.

J'ai voirement mon temps passé
Et ayme mieulx ainsi mourir
Que reuoir ce qui est passé
Et tant de misères courir.
J'ay veu poures gens langourir
Et autres choses dont me tais :
Enfans, pour bien viure et morir
Il n'est plus grant bien que de pais.

LA MORTE.

Femme de grant dévotion
Cloez voz heures et matines
Et cessez contemplation
Car jamais n'yrés a matines.
Se voz prières sont bien dignes
Elles vous vauldront deuant Dieu,
Rien ne vaillent souppirs ne signes :
Bonne opération tient lieu.

LA CORDELIÈRE.

Je remercye le créateur
A qui plaist de m'enuoyer querre
En louant le bon rédempteur
Des biens quil ma donné sur terre.
Aux temptacions ay eu guerre
Qui est moult forte à demener
Mais il aide qui veult requerre
Servir Dieu : est viure et régner.

La grande Danse Macabre.

LA MORTE.

 emme d'accueil et amiable
A festier gens a planté
Acquis auez amis de table
Pour parler de joyeuseté
Le temps n'est tel quil a esté
Rien ne vault icy vacabont
Parler. qui n'est que vanité :
Ceulx qui ont le bruit ont le bont.

LA FEMME D'ACCUEIL.

Aujourdhuy parens et amys
Promectent et mons et merueilles
Mais quant voyent qu'on est bas mis
Ils baissent tretous les oreilles
Et sout aussi sours comme fueilles
Que le vent fait voler par coupples
Et que vallent promesses telles :
Vrais ne sont pas les amis doubles.

LA MORTE.

Apres nourrice. vostre beau filz
Nonobstant son couuertouer
Et son beau bonnet a trois filz
Vous ne le menrez plus jouer
Deslogez vous sans delayer.
Car tous deux vous mourrés ensemble
Vous ne pouuez plus cy targer :
La mort prent tout quant bon ly semble.

LA NOURRICE.

A ceste danse fault aller
Comme font les prestres au seyne :
Je voulsisse bien reculler
Mais je me sens la boce en layne.
Entre les bras. de mon alaine
Cest enfant meurt d'espidemie
C'est grant pité de mort soudaine :
Il n'est qui ait heure ne demie.

La grande Danse Macabre.

LA MORTE.

as ne vous oblieray derrière
Venez apres moy. ça la main
Entendez plaisante bergière
On marchande cy main a main.
Aux champs n'irez plus soir ne main
Veiller brebis ne garder bestes
Rien ne sera de vous demain :
Après les veilles sont les festes.

LA BERGIÈRE.

Je prens congé du franc gontier
Que je regrette a merveilles
Plus n'aura chappeau déglantier
Car vecy piteuses nouuelles.
Adieu bergiers et pastourelles
Et les beaux champs que Dieu fit croistre :
Adieu fleurs et roses vermeilles
Il fault tous obeir au maistre.

LA MORTE.

Après, pouure vielle aux potences
Qui ne vous pouez soustenir :
Cy bas n'auez pas voz plaisances
Aussi vous en convient venir.
L'autre siècle est a aduenir
Ou pour vostre mal et misère
Pouuez a grant bien paruenir :
Dieu recompense tout en gloire.

LA FEMME AUX POTENCES.

De viellesse ne voy mais goutte
Par quoy ne crains guères la mort
Dix ans y a que j'ay la goutte
Et maladie me grefue fort.
Mes amis ont le mien à tort
Et n'ay vaillant deux blancs contans
Dieu seul est tout mon reconfort :
Après la pluye vient le beau temps.

La grande Danse Macabre.

LA MORTE.

 a pouure femme de village
Suiuez mon train sans retarder
Plus ne uendrez euf ne formage
Allez vostre panier vuider.
Se vous auez bien sceu garder
Pouureté, pacience et perte
Vous en pourrez moult amender :
Chascun trouuera sa deserte.

LA FEMME DE VILLAGE.

Je prends la mort vaille que vaille
Bien en gré et en pacience
Francs archiers ont pris ma poullaille
Et eu toute ma substance.
De pouures gens nulluy n'en pense
Entre voisins n'a charité
Chascun veult auoir grant cheuance :
Nul n'a cure de pouureté.

LA MORTE.

Et vous, ma dame la gourrée
Vendu auez maintz beaux surplis
Donc de l'argent estes fourrée
Et en sont voz coffres remplis.
Après tous souhaitz accomplis
Conuient tout lesser, et bailler,
Selon la robe on fait le plis :
A tel potage tel cuiller.

LA VIELLE.

A tout mon cas bien recongnoistre
Je n'ay pas vescu sans reprouche
Me suis affublé de mon maistre
Comme fait coquin de sa pouche.
J'ay souuent mis ses vins en broche
Et l'ay fait despendre a ma guise
Mais maintenant la mort m'aproche :
Tant va le pot a l'eau qu'il brise.

LA MORTE.

pprochez vous revenderesse
Sans plus cy faire demourée
Vostre corps nuit et jour ne cesse
De gaigner pour estre honnourée.
Honneur est de pouure durée
Et se pert en ung moment. d'eure
Au monde na chose assurée :
Tel rit au main au soir pleure.

LA REUENDERESSE.

J'auoye hier gaigné deux escus
Pour forfaire subtilement
Mais ne scay que sont deuenus :
Argent acquis mauuaisement
Ne fait ja bien communement.
Hélas je meurs, c'est d'aultre metz
Que prestre aye hastiuement :
Il me vault mieulx tard que jamais.

LA MORTE.

Femme de petite value
Mal viuant en charnalité
Mené auez vie dissolue
En tous temps yver et esté.
Aiés le cueur espouuenté
Car vous serés de près tenue
Pour mal faire on est tormenté
Péché nuist quant on continue.

LA FEMME AMOUREUSE.

A ce péché me suis soubzmise
Pour plaisance désordonnée.
Pendus soient ceulx qui m'y ont mise
Et au mestier habandonnée.
Las si j'eusse esté bien menée
Et conduite premièrement
Jamais n'y eusse esté tournée
La fin suit le commencement.

LA MORTE.　　　　　　　　　　　　LA MORTE.

 enez ça, garde d'acouchées　　Virez vous près, gente garsette
　　　Dressé auez maints baingz perdus　Baillez moy vostre bras menu
　　　Et ces cortines attachées　　Il faut que sur vous la main mette
Ou estoint beaux boucquès pendus.　Vostre derrain jour est venu.
Biens y ont estez despendus　　Mort n'espargne gros ne menu
Tant de motz ditz que c'est ung songe　Grant ou petit luy est tout ung
Qui seront après cher vendus :　Payer on doit de tant tenu :
En la fin tout mal vient en ronge.　La mort est commune à chascun.

LA GARDE D'ACOUCHÉES.　　　　　LA JEUNE FILLE.

J'ay voyrement dressé maintz baingz　Haa, ma mère je suis happée
Pour les compères et commères　Vécy la mort qui me transporte
Ou sont esté pastes de coings　Pour Dieu qu'on garde ma poupée
Mengés, darioles, goyères　Mes cinq pierres, ma belle cote.
Tartes, et fait mille grans chères.　Ou elle vient trestout emporté
Si tost qu'on a osté la table　Par le pouoir que Dieu ly donne
Il n'en souuient a nulluy guères :　Vieuix et jeunes de toute sorte :
Joye de menger est peu durable.　Tout vient de Dieu tout y retorne.

La grande Danse Macabre.

43

LA MORTE.   **LA MORTE.**

 uiuez mon train religieuse
De vos fais conuient rendre compte
Se point n'auez esté piteuse
Aux pouures. ce vous sera honte.
En paradis point on ne monte
Fors par dégrez de charité
Entendez bien a vostre compte :
Tout ce qu'on fait y est compté.

LA RELIGIEUSE.

J'ay fait par tout ce que j'ay peu
Aux pouures selon leur venue
Les malades pensé et repeu
Non si bien que j'estoye tenue.
Mais se faulte il est aduenue
Dieu me pardonne la défaille
Sa grâce toujours retenue :
Il n'est si juste qui ne faille.

Oyez oyez. on vous fait assauoir
Que ceste vielle sorcière
A fait morir et decepuoir
Pleuseurs gens en mainte manière.
Est condamnée comme meurtrière
A morir. ne viura plus gaire
Je la maine en son cymitière :
C'est belle chose de bien faire.

LA SORCIERE.

Mes bonnes gens ayez pité
De moy et toute pécheresse
Et me donner par amité
Don de patenostre ou de messe.
J'ay fait du mal en ma jeunesse
Dont icy achete la prune
Si priez Dieu que l'ame adresse
Nul ne peult contre sa fortune.

LA MORTE.

ieu ayme bien femmes déuotes
Qui ont consciences nettes.
Et hait surtout ces bigotes
Aux chaperons sans cornètes
Comme aucunes seurs collettes
Lesquelles par ypocrisie
En secretz péchez sont infectes
Deuant Dieu et sa compaignie.

LA BIGOTE.

Pour verité me suis monstrée
Souuent meilleur que je nestoye
Aucunes fois bien desjeunée
Faisant semblant que je jeunoye.
Et de ma bouche barbetoye
Sans dire ne mot ne lettre :
Je pry a Dieu qu'en bonne voye
Plaise ma pauure ame mettre.

LA MORTE.

Sus tost. margot venez auant
Estes vous maintenant derrière
Vous deussiez ja estre deuant
Et danser toute la première.
Quel contenance. quel manière
Ou est vostre fille marote
Ne vault faire cy mesgre chière
Car c'est vostre dernière note.

LA SOTTE.

Entre vous cointes et jolies
Femmes oyez que je vous dis
Laissez a heure voz folies
Car vous mourrez sans contredis.
Si j'ay ne meffait ne mesdis
A ceulx qui demeurent. pardon
Requiers. et à Dieu paradis :
Demander ne puis plus beau don.

LA ROYNE MORTE.

e estoye royne couronnée
Plus que autre doubtée et crainte
Qui suis ici aux vers donnée
Après que de mort fuz actainte
Sur la terre je suis contrainte
D'estre couchée a la renuerse :
Pour quoy est dure ma complainte :
Bien charie droit qui ne verse.

Prenez y qui me regardez
Exemple pour vostre prouffit
Et de mal faire vous gardez
Je n'en dis plus, il me souffit
Si non. car celui qui vous fit
Quant il vouldra vous deffera.
Deffais estiez quant vous refit
Qui bien fera bien trouvera.

L'ACTEUR.

vous seigneurs, et aussi dames,   Jadis furent comme vous estes,
Qui contemplez ceste paincture :   Qui ainsi dansent en façon telle
Plaise vous prier pour les ames,   Allans. parlans. comme vous faictes
De ceulx qui sont en sépulture.   De gens mors il n'est plus nouuelle.
De mort n'eschappe créature   Ne il n'en chault d'une cenelle
Allez. venez. après mourrés.   Aux hoirs, ne amis des trépassés :
Ceste vie q'un bien peu ne dure :   Mais qu'ilz ayent argent et vaiselle
Faictes bien vous le trouuerés.   Ayez d'eulx pité. c'est assés.

La grande Danse Macabre.

Puisque ainsi est qu'il nous fault tous fluir
Et après fin compte a Dieu du tout rendre
Las. désormais vueillons nous maintenir
Si saintement. sans tache et sans mesprendre
Que a l'oure orrible ou mort nous vouldra prendre,
Nostre pouure ame a présent vicieuse
Soit des vertus tant riche et précieuse,
Que voler puisse en la clère cité
Ou est plaisir. joye et félicité
Salut. vertus. aussi paix pardurable,
Vie sans. mort. beauté. santé. jeunesse,
Los pieu. pouuoir et force insuperable
Qui tousjours dure et qui jamais ne cesse.

Las nous voyons tous les jours mort venir
Qui est la fin que nous debuons actendre,
Et ne sauons que peuuent deuenir
Les espéritz, quant les corps sont en cendre,
Les bons vont sus. les mauluais fault descendre
En une chartre obscure et ténebreuse,
Ou est vermine immortelle, angoisseuse,
Misère. ennuis. faulte et nécessité
Faim. soif. pleur. cry et toute aduersité
Horreur. peur. fraieur inénarrable
Mort sans mourir. désespoir et tristesse,
Feu sans lumière et froit intollérable,
Qui tousjours dure et qui jamais ne cesse.

Hélas pour tant vueillons bien retenir,
Tous ces poins cy et a bien faire entendre
Si que après mort, nous puissions pervenir
Ou hault royaume ou nous deuons tous tendre;
Qui tant riche est que cueur ne peut comprandre
On y vit en paix. qu'est chose glorieuse
Et oyt on son de voix si mélodieuse
La ont les corps impassibilité
Agilité. clarté. subtibilité ;
Et les ames sapience admirable,
Puissance. honneur. seureté et liesse ;
Concorde. amour en gloire inséparable
Qui tousjours dure et qui jamais ne cesse.

O mouuais riche enflé de iniquité
Rude aux pouures. las que ta prouffité
Ton riche habit. ta plantureuse table,
Puis que tu es pouure, pour ta richesse,
Et as soif ores, et faim insaciable ;
Qui tousjours dure et qui jamais ne cesse.

Je congnois que Dieu ma formé,
Et fait en sa digne semblance ;
Je congnois que Dieu ma donné,
Ame sans vie, et congnoissance,
Je congnois que juste balance,
Selon mes fais jugé seray,
Je congnois moult. mais je ne scay
Congnoistre dont vient la folie,
Que je scay bien que je mourray,
Et si n'amende point ma vie.

Je congnois en quel pouureté
Vins sur la terre, et nasqui d'enfence,
Je congnois que Dieu ma presté
Tant de biens, en grant habondance,
Je congnois qu'auoir ne cheuance,
Avecques moy n'emporteray ;
Je congnois que tant plus auray,
Plus dolent mourray en partie,
Je congnois tout cecy pour vray,
Et si n'amende point ma vie.

Je congnois que j'ay ja passé,
Grant part de mes jours sans doubtance,
Je congnois que j'ay amassé
Péché, et fait peu pénitence,
Je congnois que par ignorence,
Excuser je ne me pourray;
Je congnois que trop tard veudray
Quant l'ame sera départie,
Pour dire je m'amenderay :
Et si n'amende point ma vie.

Prince, je suis en grant esmay,
De moy qui les autres chatie,
Et moy mesmes le pire fay,
Et si n'amende pas ma vie.

ur ce cheual hideux et palle,
La mort suis : fièrement assise
Il n'est beauté que je ne haale,
Soit vermeille, ou blanche, ou bise,
Mon cheual court comme la bise,
Et en courant mort, rue, et frappe,
Et je tue tout car c'est ma guise,
Tous viuans trébuchent en ma trappe.

Je passe par mons, et par vaux,
Sans tenir ne voie ne sente,
Je prens par villes, et chasteaulx,
Mon tribu, mon cens et ma rente,
Sans donner délay, n'attente,
Ne jour, ny heure, ne demie,
Deuant moy fault qu'on se présente
A tous viuans je tolz la vie.

Enfer sçait bien quel tuerie
Je fais de gens, car pas à pas,
Me suit : et de ma boucherie,
Aual l'an fais maint gros repas.
Quant je besoigne, il ne dort pas ;
Par moy attent que proie aura,
D'aucuns qui ne s'en doubtent pas,
Sen garder qui garde vouldra.

Encor ne sçay raison pour quoy,
De ceulx qui meurent de mon dart,
Et sont sans nombre : crois moy
Car il en a la plus grant part.
Paradis n'en a mie le quart,
Ne la dime, on lui feroit tort.
Grant, s'il n'auoit tout au plus tart
L'homme pescheur quant il est mort.

La grande Danse Macabre.

Je considère ma pouure humanité.
Et comme en pleur premier nasqui sur terre,
Je considère moult ma fragilité
Et mon péché qui tropt le cuer me serre.
Je considère que mort me viendra querre
Je ne sçay l'heure pour me tollir la vie.
Je considère que l'ennemy m'espie.
La char, le monde, me guerroient si treffort
Je considère que c'est tout par enuie
Pour moy liurer sans fin de mort à mort.

Je considère les tribulacions
De ce vil siècle dont la vie n'est pas necte.
Je considère cent mille passions,
Ou pouure humaine créature, est subjecte,
Je considère la sentence parfaicte
Du vrai juge, faicte sur bons et maulx,
Je considère tant plus viz, que pis vaulx,
Dont conscience bien souuent me remort.
Je considère des dames les deffaulx
Qui sont liurés sans fin de mort à mort.

Je considère que les vers mangeront
Mon dolent corps, c'est chose espouuentable,
Je considère, las, pécheurs que feront
Quant se viendra le jugement doutable,
O douce vierge, sur toutes délectable
Ayez mercy de moy celle journée
Qui tant sera merueilleuse et doubtée,
Et ma poure ame conduisez a droit port.
Car a vous seule de cuer je lay vouée
Pour la deffendre sans fin de mort a mort.

Prince du ciel vostre humble créature
Vous cry mercy, pour faire son accord
Et de la peine qui a tousjours, mais dure
La deffendez sans fin de mort a mort.

Cy finist la Danse Macabre des Femmes.

S'ensuivent les dis des trois mors, et trois vifz ; et doit on premièrement lire le proesme de l'ermite.

L'ERMITE.

uure tes yeux créature chétive,
Viens veoir les fais de la mort excessive,
De qui j'ai eu en ce lieu vision,
Pensée n'est si trés contemplative,
Que d'avoir eu une heure hastiue,
Ung tel regard n'eust admiration,
De trois corps mors m'est l'apparition
Venue icy, auecques leurs suaires,
Pareillement leurs terribles viaires,
Deffigurés et leurs corps descouuerts,
Les trous des yeux et du nez ouuers,
Les os tous secz. jambes. bras. pieds et mains
Tous demangiés et partuisés de vers,
C'est le tribut que mort doit aux humains.

Terrible mort sur tous autres terribles,
On te voit bien par tes euures horribles
Dire et clamer puis que par sa morsure
Et par assauls, soudains imperceptibles,
Par coups mortelz divers, irremissibles,
Telle tu fais humaine créature.
De tes euures ai veu la pourtraicture ;
Tant diuerse. tant cruelle et hideuse
Deffigurée. horrible. merveilleuse,
Deuant mes yeux en ce poure hermitage.
Qui m'ont troublé tellement le corage
Que plus ne peut de tel euure cognoistre,
Bien doit penser à la mort qui est sage,
Car en la fin il nous conuient telz estre.

Or ne scet on si trois autreffois
Ont esté ducs. barons. contes ou roys.
Papes. abbés. cardinaulx ou chanoines,
Ne qui estoit le plus noble des trois,
S'ilz ont esté bossus, borgnes, ou drois;
S'ilz ont esté preuosts, ou capitaines,
Fors qu'ilz ont eu tous trois faces humaines.

Qui ont esté en la terre ammurées
La ou les vers les ont défigurées,
Si qu'il n'y a plus rien que l'ossement
Qui est a tous grant esbahissement,
Et est bien fol a qui point n'en souuient
Grans et petis uniuersellement.
Une fois telz estre nous conuient.

De l'autre part sont venus vis à vis
Sur trois cheuaux. trois biaux hommes vis.
Mais en voyant ceste chose admirable
Il a semblé qu'ilz ont esté rauis
Trop long seroit à conter le deuis
Des trois viuens piteux et lamentable.
Celui n'eut d'eux qui ne fust doubtable
De veoir les mors et non pas sans raison
Car quiconque voit feu en la maison
De son voisin, prochain mettre et getter
De la sienne par cause doit doubter.
Dont les viuans que les mors aperçurent
Merueille n'est si de fort s'espouuanter
A celle heure; cause raisonnable eurent.

Les mors aux vis les vis aux mors parlèrent
Et aux viuens les trois morts réuellèrent
De mort les grans et terribles assaulx.
Et tellement les viuens espoentèrent
Que a bien petit que tous ne trebuchèrent
A la terre de dessus leurs cheuaulx.
L'ung laissa chiens et l'autre ses oyseaulx
En requérant à Dieu grace et mercy.
Que requerir nous lui deuons aussi
En lui priant par la saincte puissance
Qu'il nous donne faire vray penitance.
Si qu'au monde que nous somes mortelz
Nous facons tant qu'ayons la jouissance
Après la mort des règnes immortelz.

LE PREMIER MORT.

Se nous vous aportons nouuelles
Qui ne soyent bonnes ou belles :
A plaisance ou a desplaisance
Prendre vous fault en pacience
Car estre ne peut autrement.
Beaux amis tout premièrement
Non obstant quelconque richesse
Puissance, honneur, force ou jeunesse :
Nous vous denonçons tout de voir
Qu'il vous conuient mort recepuoir
Onc mort las, si douloureuse
Si amère, si angoisseuse
Que les mors qui en sont deliure
Ne vouldroient jamais reuiure
Pour mourir encor de tel mort.
En après quant vous serés mort
Tout ainsi que pouures truans
Vous serés hydeux et puans.
Des nostres, et de nos liurées,
Et vos ames seront liurées
Je n'en dis plus mais, c'est du pire.
Il me souffrist assez de dire
De vos meschans corps la misère
Qui ne sont pas d'autre matère,
Saichés le de vray que nous somes :
Na guere estions puissans hommes
Or sommes telz com nous veez
Se vous voulés cy pourvéez,
Et bien y deuez pourueoir,
Quant en nous vous pouez veoir
Comme de vous il aduiendra
Et quel loyer mort vous rendra.
Car vos corps qui sont plains d'ordure
Aller fera a pourriture.
Telz comme vous un temps nous fumes
Telz serez vous comme nous sommes.

LE SECOND MORT.

Pouruéez y se vous voulez,
Autrement que vous ne soulez.
Car certes la mort vous espie
Pour vous oster du corps la vie
Plus briefment que vous ne cuidez,
Qui estes sy oultrecuidez
Que pour ung pou de ioye vaine
Ung pou de plaisance mondaine
Qui est de si courte durée
Tost venue et plus tost allée.
Voulez perdre la joye fine
De paradis qui point ne fine :
Et qui pis est dampnés serés
Aultrement n'en eschapperés
Mais ce sera sans déliurance.
Comment auez vous tel plaisance
Dictes moy, meschans orgueilleux
En ce monde si périlleux
Ou il n'a que diuisions.
Diuerses tribulacions.
Puis guerre, puis mortalité.
Tousjours nouuelle aduersité
Reuient auant que l'autre faille :
Vous ne sauez homme sans faille
Tant soit puissant veulle ou ne veulle
Qui ne seuffre et qui ne se deulle :
Ailleurs doncques repos querés
Car cy point ne le trouuerés.
Repos aurez en paradis.
Se croire vous voulez les dis
Des saiges, qui conseillent faire
Ce que faire est nécessaire
Pour l'acquerir et pour l'auoir.
Bien milleur nul ne peult auoir.
Faictes des biens plus que pourrés
Autre chose n'emporterés.

La grande Danse Macabre.

LE TIERS MORT.

O folle gent mal aduisée
Que je voy ainsi desguisée.
De diuers habitz et de robes
Et d'autres choses que tu robes.
Ta puante charongne a vers
Et prens de tort et de trauers.
Ne il ne te chault dont ce viengne.
Fors que ton estat se maintiegne.
Quant je congnois tes faulx délitz
Les grans excès les grans oultrages
Dont ceux qui font les labourages
Aux champs et pour toy se travaillent.
Tous nuz, de fain crient et baillent
Quant je voy tel gouuernement.
Je doubte que soubdainement
Telle vengeance ne s'en face.
Que tu n'auras ne temps n'espace
Seulement de crier mercy.
Cuydés vous tousjours régner cy.
Folz meschans de male heure nez
Qui en tel point vous démenez.
Nennil, nennil, vous y mourrez.
Faictes du pis que vous pourrez
Lors aurez pardurable vie.
Bonne ou male n'en doubtez mie :
Dieu est justes il paiera
Selon ce que chascun fera.
Faictes des biens n'atendez pas
Que ceulx après vostre trespas
Pour vous en facent quauiés chier.
Qui ne vous vouldroit approchier.
En la terre vous porteront
Et tost après vous obliront.
Et telz cuidez vos bons amis
Qui sont vos plus grans ennemis.

LE PREMIER VIF.

O saincte croix par ta puissance
Dont je voy cy la remembrance.
Garde mon corps et ne consens
Que je perde aujourduy mon sens
Pour ceste gent hydeuse et morte
Qui telz nouuelle nous apporte.
Nouuelles dures et peruerses
Las. entre les choses diuerses
Touchans notre fragilité.
De quoy nous ont dit verité.
Mon poure cueur de paour tremble.
Quant trois mors ainsi vont ensemble
Deffigurés, hydeux, diuers
Tous pourris, et mengés de uers.
Le premier dit : bien m'en souuient
Que mort receuoir nous conuient.
A grant angoisse et grant douleur
Dont il me fist muer couleur.
Et des ames dist une chose
Que d'éclairer ne veult ne n'ose
Je croy c'est de leur dampnement
En enfer pardurablement,
Telz nouuelles ne sont pas bonnes.
Lassés nous, chétiues personnes
Pour quoy nous fist oncquez Dieu nestre
En ce méchant monde pour estre
Si tost liurez a tel ordure.
De ma vie n'ay jamais cure
Car je voy que les gens qui uiuent
Tant de maleurté ensuiuent,
Que je prise trop mieulx d'assez
Le pouure estat des tréspassez,
Car tousjours sans fin durera
Ou celuy des vifz finera.
Et en l'estat que tousjours dure
Chascun viure doit mectre cure.

LE SECOND VIF.

Est-ce donc a bon escient
Que la mort nous va espiant
Et qui nous fault ainsi morir.
N'est il homme qui secourir
En puist pour or ne pour argent.
Hélas conuient il jeune gent
A tel horribleté venir
Onc mes ne m'en peult souuenir
Mais je voy bien que c'est a certes
Je voy les enseignes apertes.
De mort passerons les destrois
Et deuenrons comme ces trois
C'est la fin de nostre besogne.
Hélas, hélas meschant charongne
Mais que tu faces tes plaisirs
Tes volontés, tes faulx désirs
Il ne te chault du remenant.
Or veons nous bien maintenant
Que par toy sommes deceu
Qui jusques cy te auons creu :
Car de nos ames pou te chault
Selles auront ou froit ou chault :
Fy, charongne qui rien ne vaulx.
Tu aymes mieulx les grans cheuaulx
Les beaux habits si pou durables :
Et telles choses corrumpables
Pour ton mauuez corps et rebelle
Que tu ne fais une ame belle.
Et si scez bien que tu mourras
Et en la terre pourriras.
Ou l'ame pardurablement
Viura en joye ou en torment.
Pensons doncques si bien finer
Qu'en joye nous puissons régner.
Bon y fait penser quant on peult
Souuent on ne pense quant on veult.

LE TIERS VIF.

Certes c'est bien dit, mais au fort
Il n'y a point de desconfort
Tous nous conuient passer ce pas
Et croy que Dieu ne nous hait pas.
Mes beaux seigneurs et beaux amis
Quant ces trois mors nous a transmis.
Qui donné nous ont congnoissance
De la mort et de la meschance.
Qui nous vient finer nostre joye
Hélas jamais je ne cuydoye
Que ce temps cy nous deust faillir.
Ne que mort osast assaillir
Telz gentilz gens comme nous sommes,
Mais je voy bien que riches hommes
Sont telz et de nulle value
Ne plus ne mains que gent menue.
N'en parlons plus, c'est tout néant
Maintenant je suy cleruéant :
Que la joye du monde est briefue
Et la fin d'elle point et griefue
En enfer est horrible paine.
En paradis à joye plaine.
Sur toutes joyes délitable
Et l'une et l'autre est pardurable.
Or elisons je vous emprie
Desormais la meilleure partie :
Fol est qui choisit ou départ
Quant il eslit la pire part :
Deux voyes auons deuant nos yeux
Nous qui viuons jeunes et vieux.
Une a joye et repos mainne
L'autre a torment et a peine.
Pour joye et repos auoir
Bien fault faire doit on sauoir :
Qui mal fait et ne se repent
Il aura peine et torment.

La grande Danse Macabre.

Las et pour quoy prens tu si grant plaisir
Homme abusé plain de présumpcion.
En ce faulx monde on n'a que desplaisir
Enuie, orgueil, guerre et discension.
Bien malheureuse est ton affection :
Que pense tu, as-tu plus grant enuie
De viure en doubte en ceste courte vie
Qui les mondains à la mort d'enfer maine ;
C'est bonne chose de viure en vie certainne
Tu le sces bien, si tu n'es insensible
Que c'est chose forte voire impossible
D'auoir ça jus ton aise entièrement
Et après mort la sus pareillement.
Hélas pour tant change condicion
Et te rauise, ou tu es autrement
Homme deffait et a perdicion.

Le quel veux tu, ou vie ou mort choisir
Choisy des deux, tu as discrécion
Aymes tu mieulx de ton corps le désir
Pour ton ame mectre a damnacion.
Que viure ung peu en tribulacion.
Et que après mort ton ame soit rauye
En gloire ès cieulx qui de nul déseruie.
Estre ne peult en ceste vie humainne
S'il ne lesse terre, auoir et demainne
Et père et mère et tout s'il est possible
Et viure en peine et en labeur terrible

En seruant Dieu tousjours paciemment.
C'est le chemin qui conduyt seurement
Après trèspas l'homme a saluacion.
Et qui va autrement il va dampnement.
Homme deffait et a perdicion.

Cuide tu cy tousjours auoir loisir
D'auoir pardon sans satiffacion.
Et toute nuit en blanc lit mol gésir
Puis à ce jour sans operacion
Passer le temps en délectacion
Tant que du tout la char soit assouye :
Pense tu point qu'il faille qu'on deuie
Et que prengne fin puissance mondainne.
Hélas ouy, car mort viendra soudainne
Une heure a toy a tout son dart horrible
Si très a coup comme chose inuisible
Que pas n'auras loisir aucunement
De dire a Dieu peccaui seulement.
Ainsi mourras tost sans contriction
Dont tu seras par diuin jugement
Homme deffait et a perdicion.

Homme en péril sache certainnement
Que se tu n'as autre vouloir briefment
De t'amender n'aultre deuocion
Tu te verras ung jour subitement
Homme deffait et a perdicion.

Cy fine les dis des trois mors et trois vifs.

S'ensuit le débat du Corps et de l'Ame.

Une grant vision la quelle est cy escripte
Jadis fut réuelée a Philibert l'ermite
Homme de saincte vie et de si grant mérite
Qu'onques ne fut par luy faulse parole dicte.

La nuit quant le corps et l'ame souuent veille
Aduint a ce preudomme très grande merueille
Car un corps murmurant sentoit a son oreille
Et l'ame d'aultre part que du corps ses merueille.

Veruz estoit au siècle de grant extraction
Mais pour fuir le monde et sa décepcion
Quant luy fut réuelée icelle vision
Tantost deuint ermite par grant deuocion.

L'ame se plaint du corps et de son grant oultrage
Le corps respond que l'ame a fait tout ce dommage :
Lors allèguent raison, lors allèguent usage
Tout ce retient l'ermite comme preudomme et sage.

CY PARLE LAME AU CORPS.

Hée, doulant corps, dit l'ame, quel es tu deuenu
Tu estoye devant hier pour sage homme tenu
Deuant toi s'enclinoit le grant et le menu
Or es soudainement a grant honte venu.

Ou sont tes grans maisons et tes grans édifices
Tes cheuaux et tes tours faictes par artifices
Tes gentilz escuiers mis en diuers offices
Tout seul ès demouré comme musart et nice.

Ou sont tes nobles fiés, tes haultes signouries
Et tant de beaux manoirs, toutes tes métairies
De tes bètes à corne les grandes bergeries
Rentes et reuenues qu'on te souloit paiés.

Tu soloye dominer sur aultres comme roy
Maintenant ont les vers la signorie de toy :
Tu es bien renuersé et mis en désarroy
Car tu n'as de tous biens la valeur d'un tornoy.

On estimoit ton fait hier une grant besoingne :
Qui s'aprochoit de toy maintenant s'en esloigne
Car tu ès plus puanz que quelconque charoingne
Nully ne te regarde qui n'ait de toy vergoingne.

Bien est le temps changé et la chance muée
En lieu de grant maison et de chambre parée
Entre sept piés de terre est ta char enserrée
Et moy pour tes meffais en enfer suis damnée.

Moy que Dieu auoit faicte tant noble créature
De très noble matière et de noble figure :
Il m'auoit par baptesme faicte innocente et pure
Par toy suis en péché par toy suis en ordure.

Par toy dolente char suis de Dieu refusée
Pour quoy bien dire puis : a quoy fuz oncques née
Mieulx me vaulsist assez que fusse anichilée?
Ou du ventre ma mère au sépulcre portée.

Tout comme as vescu en la mortele vie
De toy bien ne me vint ne de ta compagnie
A péché m'as attraite et a faire folie
Dont j'en suis en grant peine, et tu n'y fauldras mie.

La peine que je endure surmonte tout martyre
Que cueur pourroit penser ne langue saroit dire
Sans confort, sans remède, a durer tend et tire :
Quant peine tousjours dure il n'est mal qui soit
[pire.
Ou sont tes champs, tes vignes, tes terres cultivées
Tes maisons, tes cheuaux et haultes tours levées
Tes pierres précieuses, tes couronnes dorées
De l'or et de l'argent les sommes emboursées?

Ou sont tes lictz de plume et tes beaux couuerteurs
Tes robes a rechange sur estranges couleurs
Les espices confites pour diuerses saueurs
Tes coupes et hennaps pour seruir grans seigneurs?

Ou sont tes esperuiers et tes nobles oyseaux
Tes braches tes leuriers courans par les bois haulx?
En lieu de sauuagine et daultre gras morceaulx
Est ta char cy endroit viande aux vermiceaux.

Le toict de ta maison enuers toy fort saprouche
Car tu giez sur le bas, le hault joinct a ta bouche
Tu n'as membre sur toy qui n'ait aucun reprouche
Os, char et cuir pourrit, tu n'as dent qui ne louche.

Ce que a par péché par long temps amassé
Par force, et par rapine par serment faulsé
Par peine, par labeur, par toy mesme lassé
En une petite heure est ensemble passé.

Tu n'euz oncques parens ne amis en ta vie
Qui n'ait horreur de toy et de ta compagnie
Ta femme, tes enfants et toute ta maignie
Ne donneroient pour toy une pomme pourrie.

Ilz se passent de toy moult bien légèrement
Car ilz ont maintenant tout en gouuernement
Ton or et ton argent et tout ton tènement
Tu n'as de demourant fors que ton dampnement.

De toute ta richesse, de toute ta substance
Que tu leur as lessez en très grande habundance
Ne donneroient pour toy ne pour ta deliurance
Pour un poure homme auoir ung jour sa substance.

Or peut doncques dolent corps sentir et prouuer
Pour quoy on doit le monde fuir et réprouuer
Car on ne peult en luy fors fallace trouuer
Et si ne le peult on que par la mort prouuer.

Tu n'as plus maistre ouurier que riche robbe taille
Car tu as la liurée de poure garsonnaille
Tu ne feras jamais a poure gens la taille
Ne n'auras grans cheuaulx pour entrer en bataille.

8

Le monde hier te portoit révérence et honneur
Les grans et les petis te clamoient leur seigneur
Il n'estoit si grant homme qui n'eust de toy peur:
Or tu as tost perdu ta gloire et ta valeur.

Regarde bien ta vie puis ta mort si remire
Tu as esté tirant qui tout prenoye a tire

Or te tire vermine et derompt et dessire
A tout ce que je diz ne sauroye contredire.

Tu n'as pas maintenant la peine et le torment
Que je seuffre par toy sans quelque allègement
Mais tu l'auras après le jour du jugement
Quant reuiendras en vie, ou l'escripture ment.

L'ACTEUR.

Quant le corps vit que l'ame tellement se parmeine
Les dens estrainct moult fort et mect toute sa peine
A gémir et se plaindre et la teste demene
Comme sopirer puis et prandre son alène.

Quant la teste ot leuée et sa vertu reprise
Si dit a l'esperit, j'ay mal mis mon seruice
Tu as prins plait a moy si comme folle et nice
Il ne finera pas du tout à ta deuise.

CY RESPOND LE CORPS A L'AME.

Se n'est pas merueille se le corps se meffait
Car de par soy en luy il n'y a rien parfait
Légièrement s'encline et tantost a deffait
Tout ce que le droit veult et ce que raison fait.

D'une part fiert le dyable, d'aultre le monde rue
Pour quoy la poure char ne pourroit estre vue
Que ne soit par délit de léger abatue
Ou par consentement desconfite et perdue.

Mais ainsi com tu dis Dieu ta faicte et crée
De sens et de raison, d'entendement aornée
Il ta faicte ma dame et a toy ma donnée :
Ta chamberière suis, par toy suis gouuernée.

Puis doncques que Dieu ta sur moy donné puis-
Et ta donné raison et clère congnoissance [sance
Tu deusse auoir esté de telle prouidence
Que je n'eusse fait mal par aucune ignorance.

Sages hommes doivent tous sauoir et entendre
Que on ne doit la char ne blasmer ne reprendre :
Le blasme en est à l'ame qui ne la veult deffendre
Corps se doit déliter et tous ses aises prendre.

Se l'esperit ne fait la char considérer
Chault, froit, fain et soif ne l'y fait endurer

Les délices mondaines la font desmesurer
Si que sans péché gaire ne peult homme durer.

La char qui doit pourrir ne scet point de malice
On la demaine ainsi comme une beste nice
Légèrement s'encline a vertu ou a vice
Mais l'esperit doit estre sa dame et sa nourrice.

Vices et péchés faire ce estoit ma nature
Pourtant se j'ay mal fait je n'ay fait que droicture
De droit faire ne doit aucune créature
Estre blasmée, ne qu'on luy dye ou face injure.

Puis doncques que l'ame a la char encommande
A la char il fault faire tout ce quelle commande :
Je tiens à grant folie contre moy la demande
Que tu faiz de péché, ne scay que me demande.

De toy vient le péché, de toy vient la folie
Je ne puis plus parler ne te desplaise mie
Car je sens entor moy une menue maignie
Qui me mort et derompt, vaten et je ten prie.

Celle menue maignie sont pluseurs vermisseaux
Gros enuiron comme sont pointes de fuseaux
Mon ventre en est tout plain, si est toute ma peaux
De moy ilz feront plus de cent mille morceaux.

L'ACTEUR.

Lors a dit l'ame au corps : encor n'est pas a point
De lesser la querelle ne le plait en tel point.

Ta parole est amère, de doulceur n'y a point
La coulpe metz sur moy que durement me point.

CY PARLE L'AME AU CORPS.

Toy char pouure et dolente pleine d'iniquité
Ta foiblesse m'a fait perdre ma dignité
En tes paroles n'a aucune verité
Et tout tant que tu dis n'est fors que vanité.

Verité est que l'ame doit la char châtier
Mais la char ne se veult pour l'ame corriger
Se l'ame la reprend ne fait que rechigner
Tousjours veult gourmander, rifler, boire et men-
[ger.
Quand la char doit jeuner elle a mal en la teste
Se elle ne boit matin c'est une grande tempeste :
Un peu de pénitence luy fait si grant moleste
Qu'on ne peult d'elle auoir joye, solas ne feste.

Je deuoye par droit auoir la signorie
Mais tu la mas fortraite par ta lozengerie
Tes délices charneux et ta maluaise vie
Ou parfond puis d'enfer ont ma teste plongie.

Bien scay que j'ay erré quant ne t'ay refrenée
Mais par tes flateries suis este barètée :
Par tes mondains plaisirs m'as après toy menée
Pour cela plus grant peine te deust estre donnée.

Car tu es trop allez le chèmin et la voye
Des delictz corporeulx que je te deffendoye,
De l'ennemy d'enfer que toujours nous guerroye
Pour quoy auons perdu de paradis la joye.

Le monde deuant hier te monstroit beau visage,
Richesse te donnoit et délices au large
Et si te promectoit de viure long eage :
Ore te fait la moe, c'est paier ton musage.

L'ACTEUR.

Quant le corps voit que l'ame si trèsfort le reprent
A crier et à braire vers elle se reprent
Puis après simplement sa parolle reprent :
Forment est dur le cueur à qui pitié n'en prent.

CY PARLE LE CORPS A L'AME.

Hélas, quant me pouuoye haultement maintenir
Mes grans possessions et mes terres tenir
Lors oncques de la mort ne me peult souuenir
En piece ne cuidasse a tel honte venir.

Et si n'eust pas souffrit tout le temps de ma vie
D'y auoir bien pensé et mis mon estudie :

Ce que je ne fiz oncques ne heure ne demie
Oyr parler de mort je ne vouloye mie.

Il ne souffisoit pas tout le temps de ma vie
Sans autre chose faire, si non a estudie
Pour bien viure et morir, mais je ne congnoissoye mie
Le mal que je faisoye ne ma grande folie.

Or voy je bien sans faille que a mort rien n'eschappe
Ny vault or ne argent, manteau fourré, ne chappe
Commandement de roy, ne autorité de pape
Grans et petis conuient passer icelle trappe.

Bien voy que es damnée et que je le seray
Tu seuffrez maintenant, après je souffreray
Mais assez plus tu dois souffrir que ne feray
Et par moult de raisons je le te monstreray.

Vray est que en pleuseurs pas, l'escriture raconte:
Tant plus Dieu donne a l'homme et tant plus haut le monte
Tant plus estroitement luy fauldra rendre compte
Et si fault à compter tant aura plus grant honte.

Dieu ta donné raison, sens et entendement
Volonté de fuir maulvais consentement
Et puissance de faire son commandement
De ce rendras tu compte au jour du jugement.

De tes puissances nobles as forment abusé
Tout ton temps as perdu et folement usé
Et ton fait deuant Dieu est moult fort accusé:
Pour quoy t'a par raison paradis refusé.

Mais a moy qui ne suis que ta pouure portière
Que vermine assault et deuant et derrière
Dieu ne m'auoit donné puissance ne manière
Dont je puisse sans toy aller n'auant n'arrière.

La char ne peult sans l'ame ne venir ne aller
Monter en paradis ne enfer deualer
Sans l'ame ne peult elle ne sentir ne parler
Ne les uns reuétir, ne les pouures hosteler.

Mais se l'ame vouloit ouurer par bonne guise
Amer Dieu de bon cueur et faire son seruice

Honnorer son prouchain et seruir saincte église
Elle menroit la char du tout à sa deuise.

Pour ce que j'ay esté tousjours a toy encline
Ceste maison estroicte me débrise l'eschine
Et selon l'ordenance de Dieu qui point ne fine
Je suis toute puante et pleine de vermine.

L'escriture raconte que morir il conuient
Et que dure sera une journée qui vient
Quant peine temporelle éternelle deuient
O comme fol est l'homme a qui point n'en souuient.

L'ACTEUR.

A doncques s'escrie l'ame par grant affliction:
Hée Dieu pour quoy m'as faicte de tel condicion
Que je viuray tous temps sans terminacion
En peine quant certain estoye de ma dampnacion.

Je tien la beste brute plus que moy eurée
Car quant son corps est mort son ame est allée:
Pour ce me vaulsist mieulx que je fusse anichillée
Quant fuz crée que d'estre ainsi tousjours damp-
[née.

CY DEMANDE LE CORPS A L'AME.

Respond moy dit la char d'une telle demande:
Ceulx qui sont en enfer en si grant pénitence
Comme tu vas disant ont ils point d'espérance
D'aucun allègement ne de leur deliurance?

Les nobles, les gentilz qui sont de hault parage
Ou ceulx qui ont lessé or, argent en hostage
Pour or ne pour argent, pour sens ne pour linage
Sur les aultres dampnés ont il point d'auantage?

CY RESPOND L'AME AU CORPS.

Ta demande, dit l'ame, est trop peu raisonnable
Car selon la sentence de Dieu ferme et estable
Tous ceulx qui sont dampnés ont peine pardurable
Ne force ne prière point ne leur est aidable.

Se tous religieux, prescheurs ou cordeliers
Chantoient tous les jours messes, disoient mille
[psaultiers.

Se le monde donnoit pour Dieu tous ses deniers
N'en tireroient une ame de cent mille milliers.

Le dyable y est tousjours en la forsennerie
De tormenter les ames il a tousjours enuie:
Prometz luy, paye le, ton corps luy sacrifie
Pour ce ne te donra ung grain de courtoisie.

Des nobles et des riches te diray la manière
Sans grace sans déport leur peine est entière:
Tant plus sont estés hault de tant plus sont arrière
Et tant souffrent plus grant poureté et misère.

On ne voit en enfer que ténèbres obscures
Des ennemis sans nombre en horribles figures
Dragons, serpens, crapaux, tous vélins et ordures
Pour tormenter hélas les dampnées créatures.

L'ACTEUR.

Quant meetoit à parler l'ame toute sa cure
Trois Dyables sont venus en leur laide figure
Tout horribles visages, plus grant contrefaiture
Que on ne pourroit veoir en livre ne painture.

Graffes de fer agues en leurs mains ils tenoient
Feux grégois tout puant par la bouche gétoient
Serpens enuelimés en leurs oreilles estoient
Comme brandons de feu les yeulx flambans avoient.

Un chascun de ces trois getoit sa gaffe torte
La pouure ame ont chergie comme une beste morte
Mais quant elle congnut d'enfer l'horrible porte
Durement se complaint, forment se desconforte.

Et entre ces trois Dyables à haulte voix sescrie
Secours moy, secours moy Jhésus fils de Marie
Ne considère pas maintenant ma folie
De Dauid te souuiengne et de ta courtoisie.

Quant les trois ennemis ont ce mot entendu
Haultement ont cryé : trop auez actendu
Musart : on doit auoir son temps bien despendu
Deuant que le mérite de l'euure soit rendu.

Dor en auant ne vault rien le crier ne braire
Car plus ne trouueraz Jhésucrist dehonnaire:
Maintenant te conuient en ung tel lieu retraire
Que jamais ne verras clarté ne luminaire.

A ces dures nouuelles le preudom se resueille
S'il fut espouuenté ne fut pas de merueille:
A mener bonne vie tantost il s'apareille
Et seruir Dieu du cueur des lors jour et nuit veille.

De tous péchés pardon Dieu nous veulle donner
Et c'est mortelle vie tellement demener
Que nous la puissions tous en sa grace finer
Et auec luy joye pardurable mener.

AMEN.

Cy finit le débat du Corps et de l'Ame.

S'ENSUIT LA COMPLAINTE DE L'AME DAMPNÉE.

ous pécheurs qui fort regardez
Cy de moy l'orrible figure
De mal faire bien vous gardez
Car ce monde bien petit dure.
Aduisé chascun en quel cure
Pour les maulx que j'ay faiz suis mis :
Es dyables suis baillé eu cure
Et en enfer est mon logis.

Las le monde m'auoit promis
Que je viuroye longuement
Las voyés je suis icy mis
A jamais sans definement.
Et combien que j'eusse souuent
Eu volanté de m'amander
Pour la mort qui m'à prins courant
Je n'y ai eu remédier.

Donc braire me fault et crier
Pour le gref mal et le torment
Qu'il me conuient cy endurer
A jamais pardurablement.
Chascun apparçoit vrayement
Que de la mort suis suppléante
Viure cuydoye longuement
Et en enfer si ma planté
Pour ce chascun entalenté
Soit de bien viure en ce monde
Affin que par son orphante
En mort Dieu ne le confonde.

Vray est que quant j'estoye au monde
En mal mectoye toute ma cure :
Pour ce que du bien ne tins compte
Le mal m'est torné a usure.

Donc raison est puis que n'euz cure
Fors seulement d'optemperer
A la charongne que l'arsure
D'enfer me viengne consumer.
A ma charongne consoler
Las, pour quoy oncques me consenti
C'est raison de le comparer
Trop tart je m'en suis repenti.
Trop tart a grant deul je le dy-
Pour quoy je ne voy tour ne voye
Que jamais je puisse d'ici
Yssir ne auoir nul jour joye.
Or et argent en ce monde auoye
Dont je fuz fol et glorieux
Car désordonneement larmoye
C'est plus que Dieu ne que les cieulx.
Larron, glouton, luxurieux
Plus que nul autre en mon viuant
Ay je esté et en tous lieux :
Or regarde que testament
Félon et furieux souuent
Ay esté toute ma vie
Rauisseur et fort murmurant
Orgueilleux et tout plein d'envie.
Hélas ma très maudicte vie
Que je raconte en verité
Mon barat et ma tricherie
M'ont de tout bien desherité
Car nul est qui l'iniquité
Peult penser ne le grief torment
Que souffrir me font sans pité
Les Dyables qui me detiennent :

Or puis je crier en brayant :
Las, pour quoy fus je oncques né
Trop mieulx me vaulsit maintenant
Que je fusse mort auorté
Puisque ainsi est que abandonné
Je suis es mains de l'ennemy
Et que j'ay esté condampné
A jamais demorer a luy :
Pour ce je prie et suppli
Chascun de pénitence faire
De ses péchés, affin que icy
Ne soit mis dedans ce repaire.
Pensez donc chascun à bien faire
Je vous emprie sur toute rien
Affin que vostre aduersaire
Ne vous empoigne en son lien.
N'actendez pas dehuy à demain
La mort mercy ne vous fera
Car celluy est ennuit tout sain
Qui demain pas vif ne sera.
Grant paour doit auoir tout homme
Qui sa vie a péché donne
Et ne tient les commandemens
Car il en soffrira tormens
En enfer perdurablement
Et après le grant jugement
Qui moult sera espouuentable
Accompagné sera de dyable
Si n'a icy grant repentence
Et face fruit de pénitence.

EXPLICIT.

Enseignement proffitable à toutes gens pour bien viure et bien mourir.

Qui a bien viure veult entendre
A mourir lui conuient apprendre
Car nul bien viure ne saura
Qui a mourir aprins n'aura.

Retien cestuy enseignement
Pense une fois tant seullement
Ung chascun jour que tu mourras
Par ainsi bien viure pourras.

Erreur d'imposition

La grande Danse Macabre.

Aprens a viure moyennement
Ainsi viuras plus seurement
Car de tant plus haut monteras
Plus a la fin dolent seras.

Fuy orgueil et fuy auarice,
Ayme Dieu et garde justice
De trop hault estat ne te chaille
Car le plus hault ne vault pas paille.

L'estat du monde est variable
Ne cuyde nul qui soit estable
Le temps se change en peu d'heure :
Tel rit au matin qu'au soir pleure.

Tant que tu seras en puissance
Chascun te fera réuérence
Mais se fortune t'est contraire
Adonc verras chascun retraire.

Nul ne tiendra de toy plus compte,
Et fusses filz de roy ou conte
Chascun de toy s'elloignera
Et comme fol te laissera.

Fortune n'est pas tousjours une
Comparé tu es a la lune
Qui croist et décroist en peu d'heure,
En ung estat point ne demeure.

Fol est l'homme qui trop se fie
En fortune, je le affie
Son estat est trop deceuable
Et en peu d'heure variable.

Regarde tout l'estat du monde
Et premier cil qui plus habonde
En richesse et auctorité
Tu trouueras tout vanité.

Que te vault ce que tu es riche
Puisque tu es auer et chiche.
De bien faire tu te retardes
Et si tu ne sces pour qui tu gardes.

Fol est qui trop cuyde estre saige
Et qui baille son ame en gaige
Pour assembler trop grant auoir.
Mieulx vault assez que trop auoir.

Le fol souuent en sa follie
Prent plésir et se glorifie
En ce qui lui est tout contraire
Et faulte de sens luy fait faire.

Toy qui mets au monde ta cure
Pence au mal à la peine dure
Que les pécheurs endureront
Quant en enfer trébucheront.

Tu voys mourir et folz et saiges
Foibles et fors, et roys et paiges.
Tu voys que mort n'espargne rien
Pense doncques de faire bien.

Tu ne sces quant departiras
De ce monde ne ou tu yras.
Mais au moins crois sur toute rien
Que bien auras se tu fais bien.

Tu trouveras certainement
Après ta fin tant seullement
Le bien ou le mal que feras
Et selon ce, jugé seras.

Tant que tu vis et a de quoy
Pence en ce monde de toy
Et n'atens pas que tes parens
A la fin te soyent garens.

Or regardez et aduisez
Que par orgueil vous desguisez
Que tel fierté proffitera
A celluy qui dampné sera.

Regarde ta fragilité
Ainsi auras humilité

Trop grant orgueil t'abaissera
Humilité tessaulsera.

Puis que voyons certainement
Que mourir fault finablement
Pensons doncques de si bien viure
Que d'enfer nous soyons deliure.

AMEN.

Cy finit la Danse Macabre hystoriée et augmentée de pleuseurs nouveaux personnages et beaux dis. et les trois mors et les trois vif ensemble, nouuellement ainsi composée et imprimée par *Guyot*, marchant demorant à Paris, ou grant hostel du collège de Nouarre en Champ gaillart, l'an de grace mil quatre cent vingz et six, le septième jour de juing.

LILLE, IMPRIMERIE DE HOREMANS.

www.ingramcontent.com/pod-product-compliance
Lightning Source LLC
LaVergne TN
LVHW051509090426
835512LV00010B/2425